飴細工

大西達也の躍動するピエスモンテ

旭屋出版

CONTENTS

ピエスモンテに込めた大西達也のストーリー

- ネイチャー …… 006
- アンビギュアス …… 010
- テクノロジー …… 014
- 電子の森 …… 018
- 世界平和 …… 022
- ダリの世界 …… 026

基本テクニックの習得

- 飴細工を制作するにあたって …… 032
- 飴細工に必要な基本の道具 …… 034
- 飴の準備 …… 036
- 3つの基本技法でピエスモンテを作る …… 038
  - 流し飴 …… 042
  - 引き飴 …… 046
  - 吹き飴 …… 054
  - 2つの技法を組み合わせる …… 056
  - 組み立て …… 058

ピエスモンテの創作

- オリジナリティーを出すために、私が心がけている5つのこと …… 066
  - ネイチャー …… 068
  - アンビギュアス …… 084
  - テクノロジー …… 092
  - 電子の森 …… 102
  - 世界平和 …… 110
  - ダリの世界 …… 120

私の挑戦記
コンクールから見えるもの …… 100
Chef & Shop …… 126

本書をお使いになる前に

◉ 本文中の温度や時間、配合の記載は、著者のスタジオで制作した場合のものです。季節や制作環境によって異なりますので、各自の環境に合わせて調整してください。

◉ 本書で使用した型などは、著者が10年以上かけて集めたものです。現在は入手できない場合があります。

◉ 各作品で紹介している「モンタージュのコツ」は、作品を美しく組み立てるためのポイントだけを解説しています。モンタージュの詳しい説明は58〜64ページに記載しています。

◉ 本書は、飴細工の専門書です。本書中に登場するチョコレート細工の詳しい作り方は解説していません。

◉ 作りたいイメージに合わせて、各パーツや型のサイズ、飴の色を自由に調節してください。

◉ パーツは多めに作っておくと、壊れた場合やモンタージュの際に重宝します。形、大きさ、色が違うものを作れば、モンタージュの際に最適なものを使えます。

ピエスモンテに込めた
大西達也のストーリー

Nature ネイチャー

ここはアマゾン川の奥地。

木の上にぶら下がるハチの巣からとろりとたれたハチミツ目がけ、

カメレオンが舌を伸ばす……、その瞬間を捉えた作品です。

ハチの巣は実際には作っていませんが、

ピエスモンテの延長にハチの巣があると想像しながら組み立てることで、

カメレオンの目線や舌の動きに一体感を出しています。

動植物を作るときには、できるかぎり型を使わず、

自然な表情や動きを出せるように心がけており、

カメレオンとシダの葉は、手作業で成形しています。

サイズ約60cm
作り方は68ページ

アンビギュアス
Ambiguous

調理場へ連れて来られた料理用のエスカルゴが、
自由を求めて皿の上から脱出を試みる！
動きののろいエスカルゴが、インディアンに手綱を引かれ、
必死に逃げ出す緊張感と躍動感を表現してみました。
飴のかたまりを切ったりねじったりし、
マジパン細工の要領でインディアンとエスカルゴを成形しています。
この方法なら細部まで作り込めるため、動物作りには重宝しています。
伝統的なインディアンアートをイメージして、赤色や黄色を多く取り入れ、
ビビッドな印象に仕上げました。
土台の下に張りつけたミルククラウンは、
エスカルゴからしたたり落ちる水滴を描いています。

サイズ約60cm
作り方は84ページ

Ambiguous

Technology
テクノロジー

工業製品のフォルムには、自然美とはまた異なる、
計算しつくされた美しさがあります。
そんな機械の流線美を飴細工で表現したくて考えた作品です。
もっとも見せたいのは、流し飴を加工して作った車のボディ。
裏側から色素を吹きつけることで、メタリックな輝きを出しています。
その下にある大きな車輪は、
作品のイメージを固めるメインのパーツでありながら、
全体を支える柱の役割を果たしています。
車体を貫く赤と黄色の柱、花のまわりを華やかに取り囲むつるで、
車が駆け抜ける疾走感を表現しました。

サイズ約60cm
作り方は92ページ

Technology

Electro-Forest
電子の森

2006年の内海杯で優勝した作品を小型化しました。
京都議定書が発効された翌年にあたり、
環境問題に社会の目が注がれていた時期でした。
太く立派な幹に絡みついたチューブは、産業社会の象徴。
奥深い森の中にまでテクノロジーが入り込み、地球上には、
人間の手が届かない場所はほとんどなくなってしまった、
というメッセージを込めています。
チューブは、細く伸ばした引き飴のまわりに流し飴を巻きつけて、
ホースの中に電線が通っているように見せています。

サイズ約60cm
作り方は102ページ

Electro-Forest

Peace of the world
世界平和

青く輝く丸い球が表すのは、地球。

その地球を温かく見守る女神の姿を描いた作品です。

女神は、パスティヤージュで作り、そのマットな質感で

美しい地球の輝きがより際立つように工夫しました。

このピエスモンテを完成させたのは、ブッシュ政権の頃。

9.11後、イラク、アフガンと大きな戦争が立て続けに起こり、

平和について深く考えさせられた時期でした。

社会問題をテーマにピエスモンテ作りに取り組むことも多々あります。

ただ、私の場合は、そこにファンタジーの要素を取り入れることがほとんど。

やさしく地球を抱く女神に、平和を求める人々の願いを込めています。

サイズ約60cm
作り方は110ページ

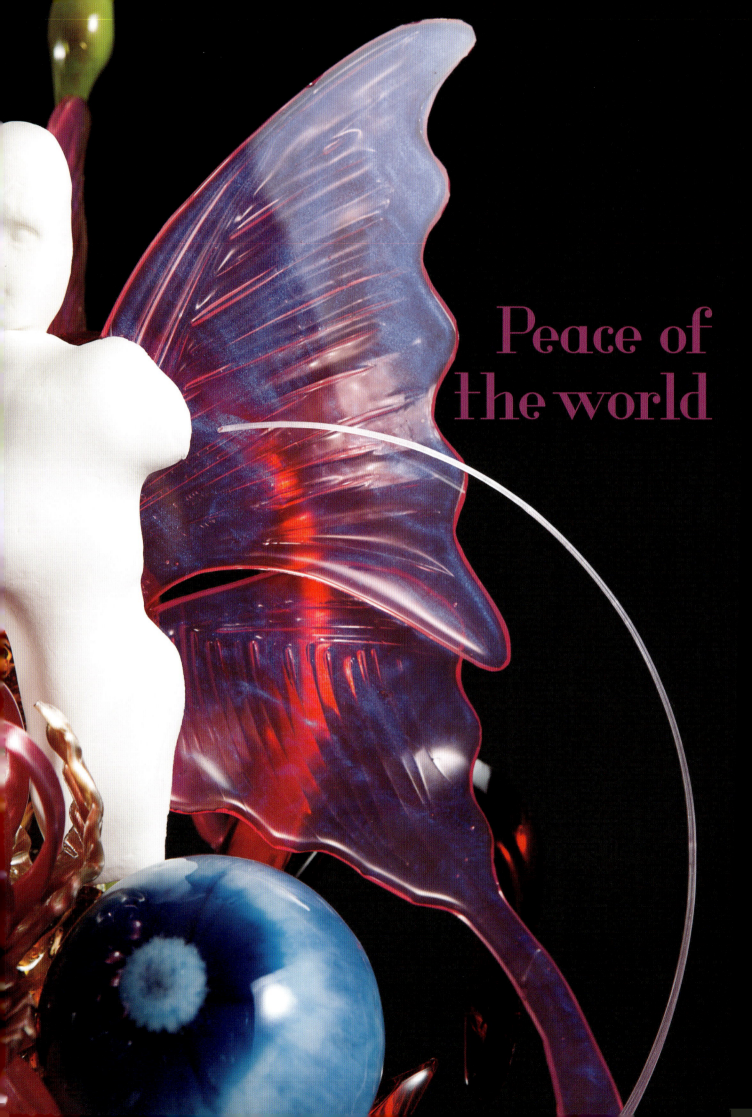

ダリの世界
World of Dali

シャルル・プルースト杯で優勝した私の集大成です。
絵画「記憶の固執」、「卵の家」と呼ばれるダリの自宅、
そしてダリ本人の顔を組み合わせ、私が思い描くダリの世界を完成させました。
シャルル・プルースト杯では、作品のなかに飴、パスティヤージュ、
チョコレートをすべて使うことが条件です。
そこで、核となるダリの作品やダリの顔はチョコレートで作り、
ダリの顔に後光が差しているイメージで、飴細工の輝きを取り入れています。
正面ではチョコレートらしい表情を、背面では飴の輝きを楽しめる作品です。

サイズ約115cm
作り方は120ページ

World of Dali

World of Dali

基本テクニックの習得

飴細工を制作するにあたって

飴でしか表現できない魅力を引き出す

　マジパンやチョコレートなど、さまざまな工芸菓子があるなかで、「飴細工らしさ」とはなんでしょうか。

　はじめて飴細工を見たとき、私が真っ先に感じたのは、「飴はこんなにもキラキラと輝くものだったのか！」という驚きでした。大形で精巧な細工に目を奪われたのはもちろんですが、食べ物にこんなきらめくものがあること自体に、衝撃を受けたのです。このつやこそ、ほかの工芸菓子には真似できない、飴のいちばんの魅力でしょう。

　飴自体を上手に輝かせるのはもちろんですが、それ以上に私が大事にしているのは、ピエスモンテ全体のデザインです。飴細工をガラス細工と同様にとらえ、光の屈折や反射の角度なども考えながら、輝きが生かせるデザインに仕上げています。

　飴は、チョコレートと違って素材そのものに決まった色はありません。カラフルなキャンディーが売られているように、飴細工の色彩も、自由でいいと思っています。ただ、私の場合は、ある程度「おいしそうな色合い」を意識しています。食べ物らしさを色で表現することが、ガラス細工とは異なる、飴細工らしさにつながると考えているからです。

3つの基本技術だけでピエスモンテは作れる

　飴細工は大きく3つの技術に分かれます。飴をさまざまな型に流して固める「流し飴」、柔らかい飴を何度も伸ばして折りたたみ、空気を含ませて輝かせる「引き飴」、飴のかたまりに空気を送り込み、風船のように膨らませる「吹き飴」です。

　流し飴は、ガラスのように透き通るほどの透明感、引き飴はシルクのようになめらかな光沢が持ち味。この透明感とつやを組み合わせて輝きに変化をつけ、そこに吹き飴ならではの軽やかさをプラスして作品に動きを与えます。

　コンクールで上位入賞するピエスモンテは、一見すると複雑な造形をしていますが、じつは、ほぼすべての飴細工が、この3つの基礎技術の応用で作られています。基礎技術さえ習得すれば、あとはアイデアと工夫次第で、自由に作品作りに取り組めるのです。

初心者こそ、ピエスモンテにチャレンジしてほしい

　基礎技術は、それぞれにコツが必要ですし、完璧にマスターするには長い時間がかかります。私が飴細工をはじめたころには、「バラの花も満足に作れない者に、ピエスモンテを作る資格はない」といわれたものです。

　しかし、私が勧めたいのは、ひとつのパーツ作りだけに固執しすぎず、すべての技術にまんべんなくチャレンジしてみることです。そして、各パーツが上手くできなくても、まずはピエスモンテを組み立ててみてください。

　ピエスモンテを組み立てるとパーツ作りだけでは味わえない達成感を経験できます。それだけで、飴細工へのモチベーションが維持できますし、ピエスモンテを完成させることで、今後の課題が見えやすくなるのです。

　私自身、はじめて作った作品はひどいものでした。ですが、ピエスモンテにすることで、流し飴の透明感不足がいかに作品の善し悪しに直結するか、バラの花びらが分厚いと、なぜ美しく見えないのかを、実感することができました。

　自分のなかで課題が見つかれば、あとは、それを改善できるように、技術を向上させればよいのです。そうして同じピエスモンテを繰り返し作り、細部の完成度を高めていきます。何度も作るうちに、色彩感覚や全体のバランス感覚も自然と磨かれてゆきます。

　また、飴細工のピエスモンテでは、パーツを美しく作る以上に、パーツ同士の接着が難しいものです。接着しやすいよう、各パーツにのりしろ部分を作るなどの工夫も必要になります。どんなにパーツを美しく作れても、接着できない形なら、作品には使えません。ふだんからピエスモンテを組み立てることに慣れておけば、そうした問題点にもいち早く気づけます。

飴細工に必要な基本の道具

鍋

砂糖を溶かして飴を作るのに使用します。グラニュー糖を使う場合は、焦げつきやすいため、熱伝導がよく均一に火入れができる銅鍋が最適です。パラチニットを使う場合は、ステンレス製でもかまいません。

温度計

飴細工では、飴の温度が非常に重要です。煮詰め用に、200℃まで計れる温度計を準備するほか、成形作業用に、外部から温度を計れる放射温度計があると便利です。

飴ランプ

ランプの熱で飴を柔らかくし、加工しやすくします。飴の保温にも役立つ、飴細工の必須道具です。
（写真提供：株式会社マトファー・ジャパン）

手袋

高温の飴を扱うので、布手袋の上からビニール手袋を着用し、手を保護しています。

シルパット

作業は基本的にマーブル台の上で行います。そのさい、上にシルパットを敷いておくと、飴を移動させやすく便利です。

湿度計

飴細工に湿度は大敵です。かならず部屋の湿度を計りながら作業を行います。

卓上扇風機

出来上がったパーツを風に当て、冷やし固めます。

エアダスター

パーツ同士を接着させたい、接着面に風を送って冷やし固めます。逆さに向けても液が漏れ出ないタイプが使いやすいです。薄いパーツは急冷すると割れる可能性があるので、注意して使ってください。

ホットプレート

接着時に飴を溶かすのに使用します。飴に急激な温度変化を与えると割れてしまうことがありますが、ホットプレートはガスバーナーに比べて温度が低いため、飴に負荷がかかりづらいのが利点です。

ガスバーナー

接着時など、一部分だけを溶かしたいときに使用します。

密封容器＆乾燥剤

出来上がったパーツは、湿気るのを防ぐため、乾燥剤を敷き詰めた密封容器の中で保存します。

飴専用型＆ポンプ

薄く伸ばした飴を間に挟んで模様をつける押し型、飴を膨らませるポンプなど、飴細工専用道具が販売されており、あると便利です。ポンプは、吹き飴作りに必須です。

飴の準備

3種の飴を使い分ける

飴には、おもにグラニュー糖、パラチニット、水飴を使用します。それぞれを単独で使ったり、いくつかを配合して使ったりと、パティシエごとに使用する飴はさまざまです。私の場合は、技法や制作時期に合わせて、3種類の飴を使い分けています。

① 流し飴用

配合	パラチニット	1kg
	水	100g

パラチニットの分量に対し、10%の水を加えた飴です。パラチニットは、グラニュー糖に比べて湿気ったり、結晶化しづらいのが特徴。また、170度まで煮詰めてもキャラメル化せず、ガラスのような透明感を出せます。水を少量加えることで柔軟性が増し、加工しやすく、耐久性も上がります。

② 引き飴用

配合	グラニュー糖	1kg
	水飴	280g
	水	280㎖
	クレーム・ド・タータ（酒石酸）	約0.1g

グラニュー糖で作る飴は、パラチニットに比べて固いのが特徴です。引き飴を作るには力も必要ですし、より高い温度で扱わなければならず、パラチニットを使うより作業は辛くなりますが、そのぶん、空気を含みやすく、よりつややかに仕上げることができます。水飴を加えることで、さらに固さが増します。クレーム・ド・タータは、飴の結晶化を防ぐ効果があります。ただし、加えすぎると飴が柔らかくなり、つやが落ちるので注意してください。湿度や製品、また自分の作業スピードに合わせて、分量を調整します。

③ 湿度が多い時期の引き飴用

配合	グラニュー糖	500g
	パラチニット	500g
	水飴	280g
	水	280㎖
	クレーム・ド・タータ（酒石酸）	約0.1g

パラチニットとグラニュー糖を半量ずつに変更した配合です。梅雨など、湿気の多い時期は、グラニュー糖だけでは泣き※やすいため、パラチニットを加えて防ぎます。通常の引き飴用とは少し質感の違うつやに仕上がります。

※「泣く」とは、飴が水分を含んで溶けること。結晶化して、つやがなくなる原因になる。

食用色素

色づける場合は、食用色素を用います。粉末、液体どちらのタイプでもかまいませんが、液体色素のほうが、飴を煮詰めたあとからでも微調整がきくので便利です。液体色素には、水性タイプとアルコールで溶いたタイプがありますが、必ずアルコールで溶いたタイプを使用します。水性だと水分が加わり、飴の質が変わる危険があるので不向きです。

液体色素は高価ですから、私は濃い色に仕上げたいときは粉状、淡い色に仕上げたいとき、微調整用には液体色素を使用しています。また、2種を混ぜ合わせて使うことも多いです。

日本の粉末色素と、フランス製の液体色素を併用しています。

ラメ入り色素は、金属的な光沢を出すことができます。飴に加えて溶かす場合と、アルコールで溶いて、出来上がったパーツにエアブラシで吹きつける場合があります。

基本的な飴の作り方

②③の飴を作るときのポイント

グラニュー糖はキャラメル化しやすいので、必ず銅鍋を使用し、均一に溶かす。

グラニュー糖、水、水飴、クレーム・ド・タータの順に鍋に入れる。水飴が鍋肌に当たると焦げる危険があるので、鍋の中央に入れて、直接水飴が当たらないようにする。

1　鍋に材料を入れる。色づける場合は、ここで食用色素を入れる。砂糖を溶かしてから粉末色素を加えると溶けきれないので注意。液体色素なら、あとからでも微調整できる。

2　①と③の飴は170℃、②の飴は175℃まで温度を上げる。1kgの飴の場合、20分程度かけてゆっくり温度を上げる。強火で早く溶かすと、砂糖の粒が残りやすい。鍋肌に飛んだ飴は、結晶化や焦げの原因になるため、ていねいに取り除く。

3　マーブル台の上に鍋を移動させ、混ぜながらさます。バットに少量をたらし、色を確認する。

4　色が薄いときは、液体色素を加えて調節する。飴が140℃以下になるとまんべんなく混ざりづらいので、さめる前に色を決めること。

5　各作業に合わせて飴をさます。飴ランプの下においておくと、ゆっくりさめながら細かな気泡も抜ける。

部屋の環境を整える

　飴は湿気に弱く、湿気ると結晶化してつやがなくなってしまうため、作業環境は非常に重要です。必ず部屋の湿度を計りながら作業を行います。理想は湿度35〜40%。湿度が低すぎると今度は飴がすぐに乾燥してしまい、作業中に割れやすくなります。また、風が飴にあたると表面だけが固まってしまい、美しい引き飴が作りづらいです。できるだけ無風状態、もしくは飴に風が直接当たらないようにします。作業台は、マーブル台が最適です。

3つの基本技法で
ピエスモンテを作る

流し飴、引き飴、吹き飴の3つの基本技術だけを使った、
ベーシックなピエスモンテ。
3つの技術さえマスターすれば、どんな作品にも応用可能です。
まずは、各技術の基本を習得し、
ピエスモンテを完成させてみてください。
組み立てることができるようになったら、
各技術の精度を上げていくことが次の課題。
流し飴の透明度、引き飴の光沢具合が、
ピエスモンテ全体の美しさにつながります。

新緑
Verdure

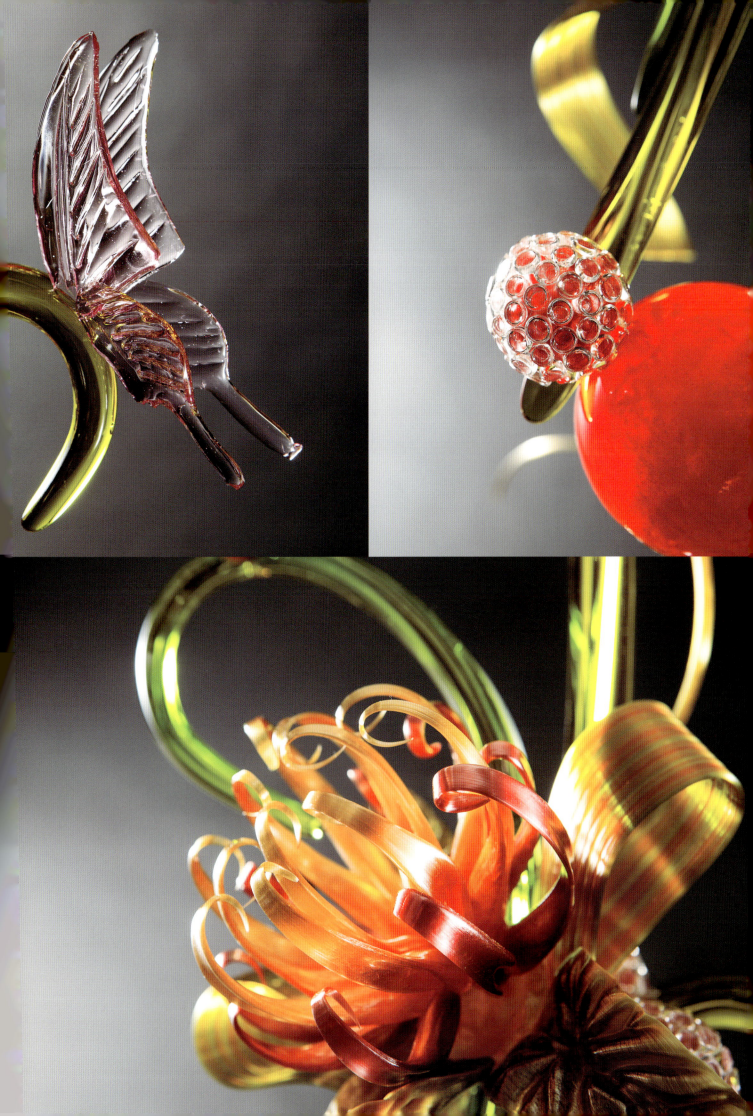

流し飴
Sucre Coulé
シュクル・クーレ

　液状の飴を型に流して固める技術で、ガラスのように透き通る美しさが魅力です。粘度が出るぐらいまでさましてから流すと、表面張力で表面が盛り上がり、角がなめらかで美しいフォルムに仕上がります。使用する型の材質や、流す厚みによっても異なりますが、140〜155℃が流すときの基本温度です。一気に流したり、温度が高いと、ふちの部分に薄いはみ出し（バリ）ができてしまいます。
　また、中に気泡ができると、美しさが半減します。流す前に、飴ランプの下で30分程度おいておくと、ある程度気泡が消えます。

活躍する道具

耐熱のビニールマット

机の上に敷くための厚手ビニールマットを、セルクルなどの下に敷いて飴を流します。つるつるしているので、飴が固まってからはがすと、表面のなめらかさが維持できます。好きな形にカットし、くり返し使えるのも便利です。ホームセンターなどで購入できます。厚みはさまざまですが、私は2mm厚タイプを愛用しています。

流し飴はマーブル台以外でも作れる

流し飴は固まるのに時間がかかるため、マーブル台を長時間占領してしまいます。そこで、木の板にロール紙を張り、その上にビニールマットを敷いて飴を流します。ロール紙を張れば、ビニールマットが熱で板に吸着してはがれなくなるのを防げます。

基本の流し方

1 マーブル台の上にビニールマットを敷き、セルクルなどの型をのせる。

2 130〜140℃までさました飴を、はみ出さないようにゆっくり流す。セルクルに流す場合は、温度を下げた飴を使用すると、セルクルに油を塗らなくても、かんたんにはずせる。

3 気泡がある場合は、バーナーであぶって気泡をつぶす。

4 完全にさめたら、セルクルとビニールマットをはがす。本書では、セルクルなどを使ったこの基本の流し飴をディスクと呼ぶ。

5 耐熱性プラスチック容器に直接流すこともできる。市販の容器を活用すれば、形の幅を広げられる。

柱

ピエスモンテの支柱になるパーツです。
3面体にすることで光が屈折し、より輝いて見える効果があります。
また、4面に比べて、どの角度からの衝撃にも強く、
ピエスモンテの強度が上がります。

1 ビニールマットの中央に切り込みを入れ、折り曲げる。

2 両端をクリップで止めて型を作り、スポンジなどで両側から挟んで型を立たせる。

3 150〜155℃にさました飴を型の中央からゆっくり流す。急に流すと、バリが出てしまうので注意する。

4 気泡がある場合はバーナーであぶってつぶす。

5 45℃までさめたらビニールマットをそっとはがす。

6 ランプの下で温めながらゆっくり曲げる。両端のほうが薄く、先に固まってくるので、そちらを重点的に温めて、全体を均一な固さにしてから曲げる。固さにむらがあると表面にしわが寄ってしまう。

蝶

2枚のビニールマットを使って、ごく薄い流し飴を作る方法です。
薄く透き通るパーツは、ピエスモンテに繊細で軽やかな印象を与えます。

1 ビニールマットを蝶の羽形に切り抜く。切り抜いていないビニールマットを下に重ね、切り抜いたマットを元の形にはめ込む。

2 140℃までさました飴をそっと流す。切り抜いたビニールマットが飴の熱で反らないように、やや低めの温度までさましてから使う。

3 ゴムべらで平らにならす。

4 飴にふれないように注意しながら、上のビニールマットをそっとはがす。

5 しばらくおき、やや固まってきたら、包丁で模様を入れる。柔らかいうちに入れると、飴の弾力で模様が消えてしまう。

6 表面が固まりすぎてうまく模様を入れられない場合は、バーナーで表面を軽く溶かす。

7 同様に、上下左右の羽を作る。

8 完全に固まったら、ビニールマットからはがす。作品を組み立てるときに4枚を張り合わせるので、パーツの状態で保存しておく。

球

2色の飴を流し、グラデーションをつける技です。
1色をラメ入り飴にすることで、
宝石のような独特のきらめきを出せます。

1 150〜155℃までさました飴を型の半分まで流す。型は、シリコン製の丸形製氷器を使用。

2 すぐにラメ入りの飴を型いっぱいまで流す。

3 完全に冷え固まったら、型からはずす。

4 シリコンは表面に凹凸があるので、型からはずしたときには、ざらざらとしてつやはない。

5 バーナーで軽くあぶり、表面の凹凸を溶かしてつやを出し、完全にさます。ピエスモンテを制作するさいは、この作業は組み立て時に行ってもよい。

引き飴
Sucre Tire
シュクル・ティレ

　飴を伸ばしては折りたたみ、空気を含ませることで、シルクのようになめらかな光沢を出す技法です。できた引き飴から、さまざまな形に成形していきます。熱い飴を手で伸ばすのは、辛い作業ですが、うまくできたときの美しさと達成感は大きく、飴細工の醍醐味が味わえます。

　飴が柔らかい状態で引きはじめると扱いやすく、比較的かんたんに作れます。ある程度さまし、固くなってから引くと、力がいるので難易度が上がります。固い飴から引いたほうがより輝きが増すので、柔らかい飴から練習をはじめ、慣れてきたら、少しずつ固い飴にチャレンジしてみてください。

飴を引く

1 マーブル台の上にシルパットを2枚並べ、175℃まで煮詰めた飴を、大きく円を描くように流す。

2 内側に向かって円を描きながら流し、すき間を埋める。

3 3分ほどすると、ふちから固まってくる。外側から中心に向かって転がすように少しずつシルパットからはがす。

4 さわってみて、指にべっとりつくようならまとめるのはまだ早い。

5 内側に向かって転がし、ひとまとめになった状態。

6 転がしながら棒状に伸ばしてさます。棒状に転がすことで、全体の温度が均一になる。

7 両端を持つと、飴がたれてくる。冷えて、たれるスピードがややゆっくりになってきたころが、引きはじめるタイミング。早めに引きはじめると作業しやすく、逆に固くなってから引くと光沢が強く出せる。

8 半分に折りたたむ。太さはできるだけ均一にすること。太さが違うと温度にむらができてしまう。半分に折りたたむさい、わざと重ね目をずらすと、全体の太さが均一になる。

9 太さが均一になるように意識しながら、引っ張って長く伸ばし、半分に折りたたむ作業を繰り返す。何度も繰り返すうちに、飴の中に空気が含まれ、徐々に飴につやが出てくる。

10 理想の光沢に対して、8割ぐらいまで達したら引き終わり。成形時にさらに空気が含まれるので、ここで引きすぎないのがポイント。成形終わりに美しさの頂点を迎えられるように調整する。頂点を越えてしまうと、飴が結晶化に向かって進んでいき、光沢がくすんでしまう。

保存する

1 できた引き飴を伸ばして半分に折りたたみ、さらに伸ばして半分に折りたたむ。辺同士を張り合わせ、平らにならす。

2 リボン状に伸ばし、包丁で長さを10cm程度に切り分け、冷やし固める。

3 乾燥剤を入れた密封容器で保存し、使うぶんだけ飴ランプで温め直して柔らかくする。薄く伸ばしておけば、早く柔らかくなるので便利。

花

細い花びらを30〜40枚張り合わせて作る、基本的な花です。
花びらが反射し合い、きらきらと輝きます。
飴を練り合わせることで色にグラデーションができ、
花びら1枚ずつが微妙にニュアンスが変わるのが魅力です。

1 引き飴をランプの下で練れる固さまで柔らかくする。

2 美しいつやが出るまで練り合わせる。この時点で輝きの頂点に達するようによく練る。何度か試し、もっとも輝くタイミングをつかんでおくとよい。練りすぎると結晶化してつやがなくなる。

3 かたまりのなかで一番つやのある部分をふちから引っ張り出し、薄く伸ばす。

4 8cm程度伸ばし、はさみで切り取る。

5 片方の先を尖らせ、反対側は半分に折り曲げる。

6 尖らせたほうを引き飴のかたまりにくっつけ、指で押さえながら細く伸ばしてちぎる。かたまりにつけて引くことで、より細く繊細なラインが作れる。

7 指に巻きつけて先を丸める。1輪につき、30〜40枚の花びらを使用する。別の色の飴でも花びらを作っておく。

8 シリコン製の半球型を使って、芯用の流し飴を作る。

9 半球の断面をバーナーであぶり、2つの半球を張り合わせて球状にし、芯を作る。

10 花びらの根元をバーナーで軽くあぶって溶かし、芯の中心に3本接着する。芯が転がらないよう、ゴム製の型などで固定しておくと作業しやすい。

11 2枚の間を埋めるように、花びらを互い違いに接着していく。

12 ある程度接着したら芯を持ち、あらゆる角度から開き具合を観察し、バランスよく接着する。

13 最後の1、2周は違う色の花びらを使うと動きが出る。

リボン

2色の飴を並べて伸ばし、半分に切り、張り合わせることを繰り返して、
縞模様のごく薄いリボン状に伸ばします。
2色の飴を完璧に同じ固さに調整し、素早く作業しなければならず、引き飴の中でもっとも難関の成形です。
飴の状態が悪いと結晶が混ざったり、失敗しやすいので、必ず引きたてのよい状態の引き飴を使います。
2色の量を変えると、模様の出方に変化をつけられます。

1　2色の引き飴を同量用意する。

2　それぞれ練り、まったく同じ固さにする。固さが違うと、幅が均一にならなかったり、伸ばす途中で割れたり、2色がうまく張り合わせられない。もっとも重要な作業である。

3　直径2cm程度の棒状にそれぞれ伸ばす。

4　2つをぴったり張り合わせ、はさみで半分に切る。

5　横に並べて張り合わせる。形を整えながらしっかり接着する。

6　2倍ほどの長さに引っ張って均一な厚さに伸ばし、半分に折りたたんで辺同士を張り合わせる。折り目をはさみでカットし、まっすぐな板状に整える。

7　2倍に伸ばしては折りたたみ、張り合わせる作業を合計3回程度繰り返す。折りたたむ回数によって縞模様の幅が変わる。端から先にさめてくるので、途中で端を切り落としながら作業を進めると均一な固さを維持できる。

8 幅と厚みが同じになるよう、慎重に伸ばしていく。

9 最終的に、求める長さ、厚みに伸ばす。

10 柔らかいうちに好きな形に成形して固める。

11 ナイフをバーナーで温め、余分を切り取る。

12 断面が直線的で美しいリボンになったら成功(左)。固さが均一でなかったり、作業が遅すぎると、表面に凹凸ができてしまう(右)。

葉

薄く伸ばした引き飴を飴用の押し型で挟み、葉脈をつけます。
ひとつの型で、大小さまざまな形が作れます。
リボンに使用した飴の残りなど、2色の飴を練り合わせて使うと、色に深みが出ます。

活躍する道具

飴用押し型

シリコン製の押し型。柔らかい飴を型に挟むことで、かんたんに葉脈をつけられる。さまざまなパターンの葉型が販売されている。

1 引き飴を練ってつやを出す。2色を一緒に練り合わせるとグラデーションのある美しい色合いになる。

2 つやのある部分をふちから引っ張り出す。できるだけ薄く伸ばし、適度な大きさのところではさみで切り離す。

3 楕円形に形を整え、押し型で挟んで葉脈をつける。体重をかけてしっかり押しながら少し引っ張る。引っ張ることで、つやの出方に変化がつき、深みが出る。

4 柔らかいうちに軽く曲げてニュアンスをつける。

5 大小さまざまなサイズ、形の葉を準備しておくと組み立てに重宝する。根元の丸い部分は接着時ののりしろになるので、模様はつけなくてよい。

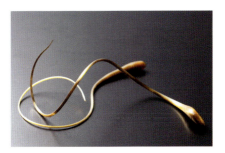

つる

飾りつけのさいに、作品全体のバランスを整えてくれるので、
重宝するパーツです。

1 引き飴を練ってつやを出し、ふちを引っ張り出して、半分に折る。できるだけ細く伸ばす。

2 端を持って、できるだけ細く伸ばし、はさみで切り離す。

3 飴のかたまりに先を引っつけ、さらに細くなるまで伸ばし、ちぎる。

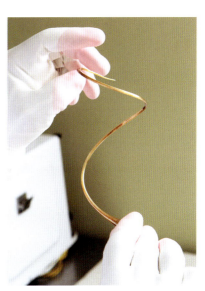

4 柔らかいうちに好きな形に曲げて固める。

吹き飴
シュクル・スフレ

　飴ポンプで空気を送り、風船のように膨らませる技法です。引き飴、引いていない飴、どちらでも作ることができます。ごく薄く伸びるので、サイズのわりに非常に軽く、ピエスモンテの上部に接着しても負荷がかからないのが魅力です。

　球体以外にも、さまざまな形に応用できます。大きなサイズは比較的かんたんに膨らみますが、小さなものは均一に伸ばすのが難しいので、ミニサイズを練習するのが上達への近道です。

活躍する道具

飴ポンプ

飴を膨らませるための専用ポンプ。
先端に飴を取りつけて膨らませる。
先端部分が金属になっており、
ここを熱することで飴が溶けてはずれる。

スフレの球

もっとも基本の球体タイプです。

1 膨らませたい大きさに合わせて飴を適量取る。よく練ってつやを出しながら、全体を均一な固さにし、丸く形を整え、ポンプの先につけやすいように1か所をややくぼませておく。

2 飴ポンプの先をバーナーで熱する。

3 ポンプの先に飴を奥までしっかり差し込み、空気が漏れないように根元をポンプに密着させる。

4 根元をしっかり押さえ、ポンプで空気を送り込む。

5 均一な厚みになるように形を整えながら膨らませる。引き飴を使う場合は、ある程度厚みを残したほうが、つややかになる。薄く伸ばしすぎると透き通って輝かない。

6 飴に熱が当たらないよう注意しながら、ポンプをバーナーで熱する。

7 球部分を指で支えながら、ゆっくりポンプから飴を引き抜く。

8 根元の出っ張り部分は、接着時ののりしろになるので、切り落とさずに残しておく。大きなサイズを作る場合は、飴の量を増やす。

応用編　2つの技法を組み合わせる

ミラーボール

吹き飴の風船に、「ドロップ」と呼んでいる小さな半球形の流し飴を接着します。
ドロップ用の飴は、必ず溶かしたてを使用します。
溶かし直したものだと、乾燥しやすく、接着しづらいからです。

1 紙でコルネを作り、140℃にさました流し飴用の飴を入れる。上部から漏れないようテープで止め、先をはさみで切る。紙は破れやすいので、必ず2枚重ねにすること。ビニールマットの上に丸くたらし、完全に固める。表面張力で盛り上がり、半球状になるのがポイント。飴が熱すぎるとだれて平らになってしまう。

2 ビニールマットからはずし、ひと粒をホットプレートで溶かす。

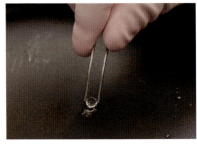

3 別の粒をピンセットでつまみ、溶かした飴を球面側にごく少量つける。平らな面を上にして、吹き飴の風船に張りつける。

4 ドロップを全体にすき間なく張りつける。ドロップの球面を下にすることで、ドロップ同士にわずかなすき間が生まれ、光が反射してキラキラ輝く。

台座

残った飴を使ってピエスモンテ用の土台部分を作ります。
大きくて重い台座を使うことで、ピエスモンテの安定性が飛躍的に向上します。
本来捨てる飴を再利用でき、無駄を減らせる技法です。

1 残って固まった飴をハンマーで叩いてランダムに砕く。この飴は隠れて見えなくなるので、結晶化して白く濁っていてもよい。

2 表面にかぶせる用に、流し飴をシリコン型に流して一度完全に固める。飴ランプの下で温めて70℃まで柔らかくしておく。温め直すことで、全体の固さが均等になり、うまくかぶせられる。

3 出来上がりの模様と形をイメージしながら、割った飴をバーナーで溶かして接着する。

4 かぶせやすいよう、はさみで角を切り取る。全体をバーナーであぶってなじませる。

5 かぶせる用の飴を型から取り出し、4に覆いかぶせる。

6 裏返して上面を台に押しつけ、上面を平らにしながら密着させる。

7 中の空気を押し出しながら全体を密着させる。空気が入っていると衝撃で壊れやすくなるので、完全に空気を出して密着させる。

8 台の上にしっかり押しつけて底を平らにし、安定させる。

組み立て
モンタージュ

　作ったパーツ同士を接着して、ピエスモンテを作り上げる工程が、モンタージュです。組み立て方次第で、作品の印象が大きく変わるため、モンタージュは、パーツを作る以上に難しい作業です。

　飴は、一度接着するとやり直しがききませんから、あらかじめ全体像のデッサンを描いて形を決めておき、実際に接着するさいは、角度やバランスを何度も確認しながら、じっくり作業を進めます。

　モンタージュの作業は大きく「基礎の造形」と「飾りつけ」に分けられます。作品を樹木にたとえると、基礎の造形は、幹。そこに、花や枝葉となるパーツを飾りつけて、広がりのある華やかなピエスモンテに仕上げます。

　とくに重要なのは、基礎の造形です。コンクールに出品するさいに注意しなければならないのは、移動中の崩壊。神戸に店を構えている私の場合は、東京のコンクールに出品するために、10時間以上の車移動が必要でした。そのため、強靭で、衝撃に強いピエスモンテであることが、何よりも重要なのです。

　頑丈なモンタージュのために、私は次の3つを心がけています。ひとつめは、基礎になる土台や柱の重心をまっすぐに積み上げること。傾いていると不安定になるので、少しの衝撃で倒れてしまいます。常に水平をチェックしながら組み立てることが大切です。

　2つめは、パーツ同士の強力な接着です。とくに重いパーツは、1か所だけを接着しても時間が経つとずれ落ちてくる可能性が高いので、最低でも2か所、できるだけ接点を増やして接着しています。大きなパーツは、引き飴を使って接着します。引き飴は流し飴に比べて固くしまっており、素早くくっつきます。

　3つめは、一定方向の揺れに強いデザインにすることです。車移動時は、アクセルとブレーキによる前後の揺れがもっとも大きく、左右の揺れは前後に比べて小さいです。そこで、前後の強度を重視して組み立てています。

　基礎の造形が出来上がったら、いよいよ飾りつけです。360度どこから見ても立体的で美しいよう、常に全体を眺めながらバランスを取ります。接着面が見えると美しくないので、どの角度からでも目立たない場所を選んで接着するか、接着面をほかのパーツで隠します。美しく飾るだけでなく、飾り用パーツで、もろそうな部分を補強していくと、美しさと強度を兼ね備えたピエスモンテが完成します。

ひとつのピエスモンテに、
２枚以上デッサンを描き、
イメージを固める。

モンタージュのコツ

- 土台や柱の重心をまっすぐ積み上げる。
- 重いパーツは、２か所以上接着する。
- 大きなパーツは引き飴で接着する。
- 一定方向の衝撃に強いように組み立てる。
- 接着面を隠す。
- ３６０度どこから見ても美しいようにバランスを取る。

基礎の造形

ピエスモンテの骨組みになる基礎を組み立てます。
接着面の大きなものはホットプレート、ピンポイントで接着したい場合は
ガスバーナーで飴を溶かして接着します。
接着面はできるだけ両側を溶かします。
接着面がまだ柔らかいうちは、重みで落ちたり、角度が変わってしまうので、
接着面が30℃以下までさめてから手を離します。

1 台座の底をホットプレートで溶かす。均等に熱を加えられ、温度もバーナーに比べて低いため、飴に負荷がかかりづらい。

2 台座がのるサイズのディスクの上にしっかり接着する。水平器で計り、きちんと水平になっていることを確認する。

3 台座の上面と同サイズのディスクをホットプレートで溶かし、台座の上にしっかり押さえて接着する。パーツを接着するたびに水平器できちんと水平かどうかチェックする。この時点で水平を取れていないと、積み上げるうちに傾きが大きくなってしまう。

4 球の表面がざらざらしてくすんでいる場合は、ガスバーナーで表面を溶かし、つやを出す。

5 ホットプレートで一部分を平らに溶かす。

6 大小の球をそれぞれ接着する。

7 エアダスターで接着面に風を送って冷やし固める。30℃以下になるまでは手を離さないように。

8 球を合計3個つける。飾り用のケースや、コンクールの規定サイズからはみ出ないように、ときどきメジャーで高さを計って確認しておく。

9 柱をバーナーで部分的に溶かし、球に接着する。接点を2か所にすることで、強力に接着できる。

10 柱2本をそれぞれ球に接着し、2本の接点もバーナーで溶かして接着する。さらにもう1本接着する。

11 最後の1本は1か所接着なので、接着面をできるだけ広く取って支える。

12 基礎部分が完成。垂直に伸びているので安定し、各パーツの接着面も多いため、強固な仕上がりだ。

飾りつけ

基礎の造形が出来上がったら、花や蝶など、メインのパーツを接着します。
360度どこから見ても立体的になるように全体を見ながら組み立てていきます。
メインになるパーツはそれぞれ奇数個つけ、正面から見たとき、
見せたいパーツ同士を線で結ぶと三角形になるように接着すると、バランスがうまく取れます。

1 メインの花をピエスモンテにかざし、つける位置と角度を決める。角度によって印象がかなり変わる。

2 引き飴を少量手に取り、練って固さを調節する。ぐっと押しつけるとゆっくり形が変わる程度が理想の固さ。柔らかすぎると、思いどおりの角度に接着しづらい。

3 パーツの裏側、見えない部分をバーナーで軽くあぶり、引き飴を張りつけて接着剤にする。

4 接着面が隠れるように柱に接着する。柱と花の溝を埋めるように引き飴を押し込んで密着させる。30℃以下にさめるまでは手を離さないように。

5 同様に、引き飴をつけた小ぶりの花を柱に接着する。

6 手で支えて角度を固定したまま、エアダスターで接着面を冷やし固める。

7 花と柱の間には、引き飴ぶんのすき間があいている。このマチ部分に葉を差し込んで接着していく。マチがないとほかのパーツを接着しづらいだけでなく、思いどおりの角度にもなりづらい。

8 葉の根元の丸い部分をバーナーで溶かす。軽いパーツは引き飴はつけなくてよい。パーツを直接バーナーで溶かして接着する。

9 花を接着した引き飴に、葉を差し込むように接着する。引き飴につければ接着面の強度が上がる。

10 葉を作るさいに、はさみでカットした側（写真下）は反対側（写真上）よりふちが分厚く、見た目が悪い。美しいほうが正面に見えるように接着する。小さなことだが、その積み重ねが美しさを左右する。

11 ナイフをバーナーで温め、接着したい場所に合わせてリボンの長さをカットする。

12 接着面を直接バーナーで溶かし、花につけた引き飴部分を隠すように接着する。

13 リボンの端を接着面にする場合は、引き飴を接着面につけたほうが強度が上がる。

14 引き飴を隠すように花と柱の間に差し込んで接着する。

15 細かなパーツで仕上げる。全体のバランスを見ながら、つるを接着する場所を決める。

16 根元の太い部分をバーナーで溶かす。根元が太いほうが接着する面積が大きくなり、強力に張りつけられる。

17 太い部分が見えないように、花と柱のすき間にしっかり差し込んで接着する。

Montage

18 ミラーボールは、根元の出っ張りをホットプレートで溶かす。

19 ほかのパーツの接着部分を隠すように張りつける。

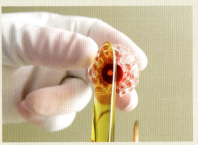

20 透明なパーツに張りつけると、接着面が裏から透けて見えて美しくない。できるだけ目立たない場所につけるか、裏側にほかのパーツをつけて接着面を隠す。

21 蝶を飾る。蝶をピエスモンテに当て、位置と羽の開き具合を決める。

22 決まったら、羽の根元をバーナーで溶かし、上の羽同士を接着する。

23 ピエスモンテに接着する。下の羽の根元を溶かし、上の羽に少し重ねて張りつける。

24 全体のバランスをよく観察しながら、ミラーボールやつるなどを使い、接着面を隠して仕上げる。

ピエスモンテの
創作

オリジナリティーを出すために、私が心がけている5つのこと

1 情熱を持てるテーマ選び

　何百点もの作品が出展されるコンクールでは、審査員の目にとまることが第一。私は、美しいだけでなく、記憶に残るピエスモンテ作りを心がけています。そのために大切なのが、作品を通して自分が何を表現したいかという強いテーマです。

　「センスがあるかないかで、作品の善し悪しが決まる」とよくいわれますが、センス自体は誰もが持っているものです。自分の内なるところに眠っているセンスを呼びさまし、そのセンスを作品の中でどう生かすかを見つければ、個性的な作品になるはずです。

　そのために私は、自然や動物の映像、画集など、飴細工以外に、興味を惹かれる分野のアートに、日頃から積極的にふれるようにしています。一番重要なのは、テーマの内容ではなく、「これを作りたい！　これを表現したい！」という強い気持ち。平凡なテーマに感じても、思いの込もったピエスモンテには、不思議な力が宿っているものです。その熱い気持ちが原動力になって、妥協せずに納得いくところまで作業を突き詰められるからでしょう。

　テーマを決めるときは、「見る側にどう思われたいか」ではなく、自分が本当に作りたいものを見つけ出すことからはじめてみてください。

2 ストーリーで躍動感をつける

　テーマが決まったら、次に意識するのが、「躍動感」。今にも動き出しそうなピエスモンテは、いきいきとして、ダイナミックな印象を与えます。躍動感を出すために私が実践しているのが、テーマにストーリー性を持たせることです。

　はじめにご紹介する「ネイチャー」という作品には、「アマゾンの奥地、蜂の巣からしたたる蜂蜜を狙って、カメレオンが舌を伸ばしている」というストーリーを考えました。ストーリーの一場面を切り取って作品にするには、身体の動きや、顔の角度、表情まで計算しなければならないため、自然と細部にまで工夫を凝らすことになります。作品を見た人が、その後の展開を想像したくなれば、大成功です。

3 「抜け感」のあるモンタージュ

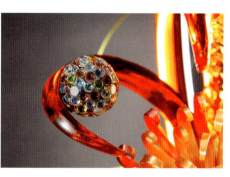

　モンタージュのさいには、衝撃に強く、安定した組み立てが求められます。しかし、見るからに頑丈そうなデザインより、一見すると不安定で危なっかしいほうが、魅力的に感じられるものです。

　そのため、見た目には不安定で、重力を感じさせないデザインを心がけています。ただ、実際には安定していて頑丈でなければいけませんから、危険なモンタージュはできません。

　そこで、私は危ないモンタージュのかわりに、「抜け感」を大切にしています。私の考える「抜け感」とは、かっちりと型にはめすぎず、わざとバランスを崩して動きを出すこと。曲線を多用したり、ランダムに曲げたつるや葉を仕上げに多く使い、軽やかな印象になるよう工夫しています。

　ほかにも、同じパーツを2枚重ねで使えば、見た目の繊細さはそのままに、強度を増すことができます。

4 自分の好きな色を見つける

　同じパーツでも、色使いによって、雰囲気ががらりと変わるので、色選びは非常に重要なポイント。自分の得意な色を知っておくと、個性を出す上で強みになります。

　私の場合は、黄色。ベースカラーとして、先に黄色で飴を着色しておき、そこにほかの色を足して、バリエーションをつけていきます。好きな色を使うと気分も盛り上がりますし、ほかの色に比べ、微妙な変化を敏感に感じ取れるので、思いどおりの色を作りやすいのです。

　また、ひとつの色を中心に据えながらほかの色を決めていけば、ピエスモンテの色彩に統一感が出ます。

5 光を味方につける

　コンクールで入賞できなかった頃の私は、引き飴の輝きだけを追い求めすぎていました。しかし、すべてのパーツをギラギラと輝かせるだけでは、作品が、ただの光るかたまりになってしまいます。

　そこで、あえてマットなパーツを組み合わせ、光に緩急をつけてみました。こうすると、輝くパーツがより際立ってきたのです。葉やつるのような植物、自動車などの金属など、同じ引き飴でもパーツごとに輝きの度合いを変えれば、さらにメリハリがつきます。また、流し飴の場合は、光の屈折や反射を意識して形を決めたり、組み立てるようにしています。

　飴細工の一番の魅力は、なんといってもきらめき。そのきらめきを生かすためには、光の性質を最大限に利用することです。

{ **パーツとモンタージュについて** 　この章では、「基本テクニックの習得」の応用で作れる各パーツの作り方は省略し、参照ページを紹介しています。また、「モンタージュのコツ」では、それぞれの作品を美しく組み立てるためのポイントだけを解説しています。モンタージュの基本的な方法については、58〜64ページを参照してください。 }

ネイチャー
Nature

学べること

- 流し飴のシダの葉 →70ページ
- 引き飴のバラの花 →72ページ
- 吹き飴のカメレオン →74ページ

その他のパーツ

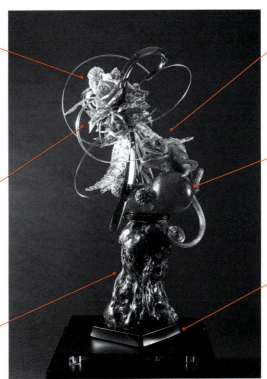

ミラーボール →56ページ
色づけた飴でドロップを作り、数色を組み合わせる。

葉 →52ページ

台座 →57ページ

柱 →43ページ

球 →45ページ

ディスク →42ページ
セルクル以外に、耐熱プラスチックの四角い容器でも流して作る。

シダの葉

流し飴を温め直し、柔らかいうちにはさみと指で葉脈をつけます。

1　流し飴をシリコン型などに流して固め、飴ランプの下で70〜80℃程度まで温める。温め直すことで、固さのむらがなくなる。

2　かたまりからひとつまみぶんを取り、はさみで切る。

3　棒状に伸ばしてシルパットにのせ、両端を尖らせる。片側を細くする。両側からバーナーを当て、表面をなめらかにする。両側から当てることで、均一な温度を保てる。

4　ビニールマットを押しつけ、シルパットから飴をはがす。

5　裏返してビニールマットを下にし、両側からバーナーを当て、表面をなめらかにする。

6　しばらくおき、全体の温度が均一になり、手でさわっても引っかかなくなったら、先の細い方からはさみで葉脈を入れる。

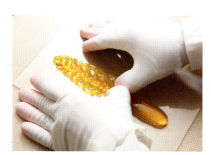

7　3cmほど葉脈を入れたら、続きは指で入れる。両手の親指を飴に押しつけ、V字を描くように、中心から外側に向かって斜め上方向に動かし、葉脈を入れる。

8 指で先端の形を整える。

9 柔らかいうちに、ビニールマットごとセルクルの上面や内側に沿わせて固める。

10 とい型に斜めに入れておけば、異なる曲線の葉が作れる。

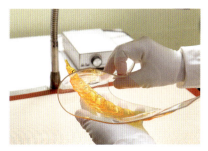

11 完全に固まったら、ビニールマットをランプで温めながらはがす。冷たい状態だと割れやすい。

12 立体的に曲がったパーツは、マットをはがすときにてこの原理が働いて割れやすい。両端から少しずつ交互にはがしていくと、うまくはがれる。

バラの花

飴細工のバラには色々な種類がありますが、
ここではもっともベーシックで、本物に近い花びらをご紹介します。

1 引き飴をランプの下で練れる固さまで柔らかくし、美しいつやが出るまで練り合わせる。

2 かたまりのなかで一番つやのある部分をふちから引っ張り出し、薄く伸ばす。

3 細めの楕円形に伸ばしてちぎる。

4 端から、先が尖るようにくるくると丸め、芯を作る。

5 芯の出来上がり。

6 飴のかたまりから、3と同じ形に花びらを引っ張り出してちぎる。

7 芯に沿わせるように巻き、下部で接着する。

8 2枚目は、やや1枚目に重なるように芯に沿わせる。3枚目も同様にやや重なるように沿わせて接着し、花びらのふちをほんの少し外側に開かせる。形が崩れないように、作業中は、型などを使って、花を立たせておく。

9 3枚目は今までよりやや大きく、丸みのある花びらを取る。

10 花びらのふちを指でつまみ、先を尖らせながら外側に軽く曲げて開かせる。

11 同様に芯に張りつける。枚数を重ねるごとに少しずつ外に開かせる角度を大きくしていく。

12 花びらを順につける。芯の大きさと、3〜4枚目のサイズによって、バラの大きさが決まる。

13 花びらの目安は8〜10枚。わざと1枚足りない状態にしておく。そのほうがピエスモンテを組み立てるさいに、思いどおりの角度に調整しやすい。

カメレオン

2つの吹き飴を組み合わせ、頭と胴体を作ります。
リアルなうろこを表現するため、引き飴の上から流し飴をかぶせて模様を入れます。
魚にも応用できる技術です。

カメレオンの全パーツ。上あご、下あご、胴体、目、足、尻尾、舌を別に作って接着する。すべて同じ引き飴と流し飴を使用する。

頭

1 上あごを作る。引き飴をランプの下で練れる固さまで柔らかくし、美しいつやが出るまで練り合わせ、ひと口大程度のかたまりを取る。

2 シルパットに押しつけて底を平らにしながら楕円形に整え、片側の先を尖らせる。

3 ナイフの背で、中央に1本線を入れる。

4 マジパンスティックなどを使って、両側に目のくぼみを入れる。

5 尖らせていないほうの端を指でつまんで立ち上がらせ、先を尖らせる。

6 上あごの完成。このまま固める。

7 下あごを作る。上あごより、やや多めに引き飴を取り、楕円形に形を整える。飴ポンプに差し込み、根元をポンプに密着させ、空気を送り込んで膨らませる。

8 根元をやや平らにし、軽く形を整える。上あごを当て、サイズを調節する。

9 指で押してくぼませ、お碗形に整える。

10 再度上あごを当ててサイズを調節し、形を整える。

11 飴に熱が当たらないよう注意しながら、ポンプをバーナーで熱し、飴をゆっくり引き抜く。

12 裏返したところ。上あごの形に合わせ、あごの先をやや尖らせておくのがポイント。

13 根元の余分をはさみで切り取る。

14 下あごが柔らかいうちに下あごと合わせ、接着面がフィットするように形を整えておく。

使用する道具

卓球ラケット用ラバーマット

細かな凹凸があり、リアルなうろこ模様をつけられる。

15 薄い黄緑色に着色した流し飴を、飴ランプで80℃程度まで温め、少量を取って2〜3mm厚さに伸ばし、ラバーマットにのせる。

16 もう1枚のラバーマットで挟み、しっかり押しつけて模様をつける。

17 うろこ模様が両側についた。80℃と固めに飴を調整しておくと、飴が凹凸に完全に入り込まず、凹凸部分が丸みを帯びる。凹凸が丸いほうが、光の反射が複雑になり、よりキラキラと輝く。

18 上あごにかぶせて密着させる。このとき、完全に密着させず、軽くかぶせておくと、中の空気で光が屈折し、さらにきらめきが増す。

19 くぼみをつけた部分を再度なぞる。

20 輪郭とくぼみがはっきり浮き出た。

21 同様にラバーマットで凹凸をつけた飴を作り、底面に張りつける。

22 形に合わせて余分をはさみで切り取る。

23 つなぎ目をバーナーであぶり、なめらかにする。

24 あぶって凹凸が消えた部分にラバーマットを押し当て、まんべんなく模様をつける。

25 上あごの完成。完全にさまして固める。

26 下あごにも凹凸をつけた飴をかぶせる。

27 顔の完成。飴のつなぎ目もほとんど目立たない。組み立て用パーツとして、直径1cm程度に丸めた引き飴に、同様に流し飴をかぶせておく。

28 舌を作る。同じ流し飴を少量取り、できるだけ細長く伸ばしてちぎる。

29 軽くカーブさせてニュアンスをつけ、先をくるくると丸める。

30 目を作る。舌と同じ色の流し飴をシリコン製の半球形製氷機に流して固める。56ページを参照し、目玉用に黄色の流し飴でドロップを作っておく。

胴体

1 引き飴を適量取り、楕円形に整える。飴ランプに差し込み、空気を送り込んで膨らませる。飴の量は頭のサイズを見て決める。

2 頭を当て、サイズを合わせる。頭と同様、後から流し飴をかぶせるので、理想のサイズより3回りほど小さく作っておく。

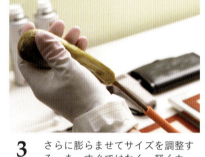

3 さらに膨らませてサイズを調整する。まっすぐではなく、軽くカーブをさせて動きを出す。

4 頭と同様に、2〜3mm厚さに伸ばした流し飴に、ラバーマットでうろこ模様をつける。

5 背中側に接着面がくるように腹部のほうから巻きつけて接着する。

6 余分をはさみでカットする。背中にはクレスト（ひだ部分）があるので、その部分を残しておく。

7 ポンプでさらに空気を送り込み、頭に合わせてサイズを調節する。

8 クレスト部分をバーナーで軽く熱して柔らかくする。

9 はさみで切り込みを入れ、形を整える。

10 ポンプからはずす前に再度頭を当て、形とサイズを確認し、調整する。飴に熱が当たらないよう注意しながら、ポンプをバーナーで熱し、飴をゆっくり引き抜く。

11 流し飴をかぶせてから膨らませることで、凹凸が動きに合わせて伸び、うろこに自然な表情が出る。

12 扇風機の風に当てて完全にさます。形が変わらなくなってから、台に置くこと。柔らかいうちに置くと形が歪んでしまう。

13 茶色の液体色素をアルコールで薄め、エアブラシで吹きつけてランダムに着色する。頭も同様に着色する。

足・尻尾

1 足を作る。引き飴を適量取って細長く伸ばし、10cm程度のところで切る。

2 流し飴を細長く伸ばし、ラバーマットに挟んで押しつけ、凹凸をつける。

3 引き飴に流し飴を巻きつけ、余分をはさみで切り取る。

4 接着面をなじませる。

5 長さの真ん中に、ナイフの背を押し当て、折り目をつける。

6 折り目に沿って折り曲げる。

7 先をバーナーで熱して柔らかくする。

8 はさみで1cm程度の切り込みを入れる。

9 切り込み部分を押し当てて広げ、指を作り、足の完成。同様に合計4本作る。

10 尻尾を作る。引き飴を、足よりやや太めの棒状に伸ばし、ラバーマットで凹凸をつけた流し飴を巻きつける。余分をはさみで切ってなじませる。

12 細い方の端をくるくると丸めて仕上げ、完全にさます。胴体と同様、足と尻尾にもエアブラシで茶色の色素をランダムに吹きつける。

11 両端を持って引っ張り、細長く伸ばす。伸ばすことで凹凸模様が伸び、自然な動きが出せる。根元は太く、平らにしておく。根元が細いと折れやすい。

接着

1 上あごと下あごのつけ根部分をそれぞれホットプレートで溶かす。

2 やや口を開けた状態で接着する。同様に根元に小さな球のパーツを接着する。このパーツで、頭と胴体のつなぎ目が自然に見える。

3 胴体のつけ根部分を溶かし、角度を調整して球部分に接着する。接着面をバーナーで軽く溶かしてなじませる。

4 ラバーマットを接着面に押しつけ、模様をつけ直す。

5 カメレオンをのせたいパーツ（ここでは45ページの球）に腹部を接着する。胴体をほかのパーツに接着しておくことで、ピエスモンテの強度が増す。

6 足の角度を調節して接着する。前足は頭と胴体のつなぎ目部分に接着する。足先も軽く熱し、球に接着する。

7 後ろ足は、胴体のつけ根部分に接着する。球に登っているように見えるよう、角度を調節して接着すること。

8 尻尾を後ろ足の間に接着する。

9 半球の流し飴を頭のくぼみに接着し、ドロップをピンセットで張りつける。半球の流し飴は、表面のざらつきをあえて生かし、質感を出す。

10 舌は、飴ランプで柔らかくして、形を微調整し、根元をバーナーで熱し、口の中に接着する。

組み立て Montage のコツ
モンタージュ

1 基礎の造形とカメレオンを組み立てたら、カメレオンが目立つようにバランスを見ながら、バラと葉を飾っていく。

2 シダの葉は、葉脈を入れた面と平らな面とで、光の反射具合が変わる。質感を出したいときは、葉脈を入れた面を上に向ける。

3 平らな面を上に向けると、強く反射する。1つのピエスモンテに上向きと下向きの両方を組み合わせれば光の緩急がつく。

アンビギュアス
Ambiguous

学べること

- 引き飴のエスカルゴ＆インディアン →87ページ
- 流し飴の靴べら →86ページ
- 流し飴のミルククラウン →86ページ

その他のパーツ

花 →48ページ

シダの葉 →70ページ

ディスク →42ページ

セルクル以外に、耐熱プラスチックの四角形、丸形容器でも流して作る。

柱 →43ページ

葉 →52ページ

ミラーボール →56ページ

色づけた飴でドロップを作り、数色を組み合わせる。

ミルククラウン

飴の流れる力を利用し、ランダムな突起を作ります。

使用する道具
シリコン製鍋敷き

シリコン製なので、直接飴を流してもくっつかない。

1 ビニールマットの上に鍋敷きをのせ、130℃程度までさました流し飴を、鍋敷きの中央部分からそっと流す。

2 飴が流れて鍋敷きのすき間に入りこむ。このまま完全にさまして固める。

靴べら

左右で厚みを変えてグラデーションをつける技です。
三角錐のような形になり、光の反射も複雑になります。

活躍する道具
とい＆コーナーガード

といは、流し飴に緩やかなカーブをつけたいときに便利。型を微妙に傾けたいときは、コーナーガードを活用。

1 といにビニールマットをのせ、130℃程度までさました流し飴をビニールマットの上にそっと流す。

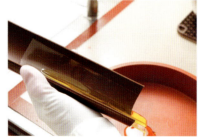

2 といを傾けて余分な飴を落とす。

3 ビニールマットの端をクリップで止め、といをコーナーガードの上にのせて軽く傾ける。さまして固める。モンタージュ時に接着しやすいよう、根元は太くしておく。

エスカルゴ＆インディアン

粘土細工のように自由に形作ります。
飴にある程度の固さがないと形作れないので、引き飴が適しています。
自由度の高い細工方法です。

エスカルゴ

1 引き飴を飴ランプで柔らかくし、棒状に形を整える。片方をやや細くしておく。

2 細いほうから渦巻き状に巻く。

3 渦巻きの中央がやや前に出るように巻くと立体感が出る。端が底になるように形を整える。

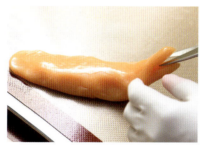

4 別の色の引き飴を飴ランプで柔らかくし、棒状に形を整え、底を平らにする。片側にはさみで十字に切り込みを入れる。

5 切り込み部分が触角に見えるように動きをつける。

6 胴体部分にシリコン製の滑り止めマットを押しつけ、軽く模様をつける。

7 胴体のふちを親指で押し伸ばして波打たせ、エスカルゴらしい動きをつける。

8 シリコン型などに頭部を立てかけて立体的な動きをつける。固まる前に殻をのせて押しつけ、フィットするように軽くくぼませる。

9 殻の表面をバーナーで軽く熱して柔らかくし、ナイフを押し当てて両面に模様をつける。

10 固まったら、ブロンズの色粉をブラシで殻に軽く塗り、光沢を出す。

11 胴体にも色粉をブラシで軽く塗る。

12 殻の底を溶かし、胴体と接着する。

インディアン

1 ズボン用に引き飴を棒状に伸ばし、ナイフで等間隔に3か所すじをつける。すじをつけた部分が膝と股関節になる。膝の部分には、さらに細かなすじを数本入れておくと、ズボンのしわらしく見える。

2 折り曲げて座った形に整え、エスカルゴの殻にまたがせる。形を整えたら、ズボンの裏側をバーナーで熱して接着する。

3 上半身と顔用に肌色の引き飴を用意する。肌にはつやが必要ないので、数回引いて軽く空気を含ませただけの飴を使用する。俵形を作り、ナイフで胸と腹筋のラインを入れる。

4 胸を張り出すようにややカーブをつけて形を整え、ズボンの上に接着する。小さな粒状の飴を接着し、首にする。

5 頭の輪郭を作り、指でつまんで鼻と目のくぼみを作る。

6 首に頭を接着する。頭頂部は少し尖らせておくと、このあと羽をつけやすい。

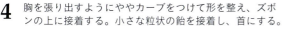

7 細い棒状に伸ばして腕を作り、はさみで端に切り込みを入れて指にする。手綱を握っているように見せるため、指を軽く丸める。

8 肘の関節部分にナイフで軽くラインをつけて曲げ、胴体に腕を接着する。接着面をなでてなじませる。

9 細いしずく形にした白い引き飴を押し型で挟み、模様をつける。

10 エアブラシで羽先を茶色に着色する。1体につき、羽を15枚程度使用する。

11 耳当て用に小さな丸形を作り、ラバーマットに押し当てて模様をつける。エアブラシで茶色に着色する。2枚使用する。

12 羽の根元をバーナーで軽く熱し、頭の尖った部分に張りつける。

13 ピンクの引き飴を細長く伸ばし、羽の接着面を隠すように頭につける。耳当てを接着する。

14 かたつむりの殻と同じ飴を細長く伸ばし、半分に曲げ、ねじって手綱を作る。2本使用する。

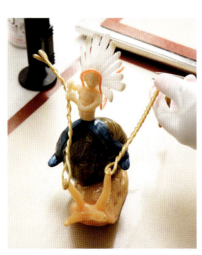

15 輪の部分を触角に引っかけて接着し、手綱の途中を指に接着して、引いているように見せる。左右どちらも同様に接着する。

組み立て Montage のコツ

1. 土台の半球形は、断面に少量の流し飴をたらし、2つを張り合わせる。2つの間に微妙なすき間ができ、光の屈折が複雑になる。

2. 半球の上にディスクを重ねて接着したら、すき間に靴べらを差し込んで接着する。根元が太いほうが強固に接着できる。

3. 全体のバランスを見ながら、仕上げにミルククラウンを接着する。軽いパーツなので、1か所の接着でも大丈夫だが、できるだけ接着面を広く取っておいたほうが安心。

4. エスカルゴは重いので、モンタージュの前半で接着すると、ピエスモンテが傾く危険がある。途中で何度か接着位置におき、バランスを見ながら組み立てを進めておき、最後に接着する。

テクノロジー
Technology

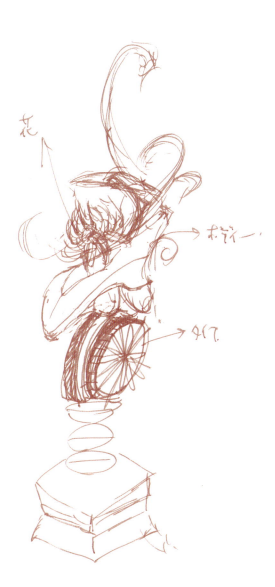

学べること

- 流し飴の車のボディ →94ページ
- 流し飴のタイヤ →96ページ
- ミラーボールの花 →97ページ

その他のパーツ

つる →53ページ

色づけた飴でドロップを作り、数色を組み合わせる。

球 →45ページ

2色の飴ではなく、単色で作る。

柱 →43ページ

スフレの球
→54ページ

葉 →52ページ

ディスク →42ページ

セルクル以外に、耐熱プラスチックの四角形、丸形容器でも流して作る。

車のボディ

流し飴を折り曲げて加工する技術です。
メカニックならではのラインや光沢を表現できます。

1 車のメインボディ、バック部分、ウィングの形にビニールマットを切り抜き、切り抜いていないビニールマットの上に重ねる。下のビニールマットには、鋭角に折り曲げたい箇所に切り込みを入れておく。

2 流し飴を150℃を少し下回る温度までさまし、型の上に流す。温度が高すぎると、場所によって温度差ができて加工しづらい。逆に140℃までさますと、表面張力が強すぎて分厚くなってしまう。

3 80℃程度までさます。

4 飴の形をゆがめないように注意しながら、上のビニールマットをはがす。

5 大きなパーツは、上のビニールマットをあらかじめ2分割しておくとはがしやすい。

6 バック部分とウィングは、両端を棚などに固定し、つり下げて固める。マットの切り込み部分が折れ曲がり、鋭角なラインと、なめらかな曲線が出せる。

7 メインボディは、ビニールマットの切り込み部分に沿ってコーナーガードなどに立てかけ、立体的な形にする。

8 片方の端をクリップで止め、固める。

9 ゴールドの色粉をアルコールで溶き、エアブラシに入れる。アルコールはできるだけ少量で溶くこと。

10 エアブラシで吹きつけて着色する。飴がまだほんのり温かい30℃程度で吹くと失敗しづらい。完全にさますと、エアブラシの冷風で飴が割れることがある。

11 乾いたらビニールマットをそっとはがす。

12 完成。裏側から着色することで、表面のつやを生かせ、金属らしい光沢が出せる。着色することでラインが目立ちやすくなる。

タイヤ

流し飴を曲げたり、マットで模様をつけて加工する技です。

1 流し用の型を準備する。凹凸のあるビニールマットを帯状に2枚カットする。焼入れリボン（帯状の薄い鉄鋼）に1mm厚さのビニールマットを両面テープで張りつけ、凹凸マットと同じ長さに2本、凹凸マットと同じ幅に2本切る。厚みのある流し飴の場合は、ビニールマットだけではよれてしまうので、焼入れリボンで補強する。

2 成形用の型を準備する。セルクルに紙を巻きつけ、凹凸のあるビニールマット1枚をその上に巻きつけて固定する。紙は、飴の熱でビニールマットがセルクルに張りついてはがれなくなるのを防ぐ役割。

3 帯状に切った凹凸のあるビニールマットをマーブル台にのせ、油粘土でまわりに土手を作る。粘土の内側に1の焼入れリボンの型を張りつける。150℃以下までさました飴を型に流す。

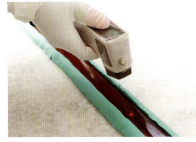

4 飴の内部がまだ柔らかい90〜95℃程度までさましたら、油粘土をはずす。さましすぎると、うまく成形できなかったり、表面にしわができる。

5 粘度をはずしたら、焼入れリボンを両側から一気にはずす。ゆっくり作業すると形が崩れてしまう。

6 2の型にビニールマットごと巻きつけ、クリップで端を止めて固定し、さまして固める。途中で何度か型を裏返し、縁を平らに整えながらさます。

7 さめたら型をすべてはずす。完全にさますと、あとの作業がやりづらいので、まだほんのり温かい程度ではずす。

8 7をビニールマットの上にのせ、120℃までさました透明の飴を、中に流す。厚みは8mmほどが理想。まわりの飴が冷えていると、飴を流したときに温度差で割れてしまうことがある。30℃程度のほんのり温かい状態で流すこと。

ミラーボールの花

中心にミラーボールをのせ、より華やかな印象の花に仕上げます。

9 ビニールマットの中央に切り込みを入れて折り曲げ、両端をクリップで止めて型を作る。コーナーガードなどで挟んで型を立たせる。

1 シリコン型で作った半球形の流し飴に、ミラーボール（56ページ）を接着し、芯を作る。

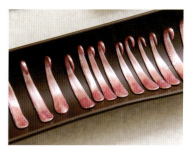

2 48ページの花を参照し、花びらを作る。

10 150～155℃にさました飴を型の中央からゆっくり流す。完全にさましてビニールマットをはずす。透明の飴でも同様に流す。

3 ミラーボールと半球の飴のすき間に差し込むように、花びらを接着する。2周させて仕上げる。

11 10を、輪の中に放射状に並べ、中心と外側をそれぞれ接着する。バランスを見ながら上下に重ねて接着すると立体感が出る。

組み立て Montage モンタージュ のコツ

1 下部を組み立てたら、タイヤと同じサイズの透明のディスクを、円形ディスクの中央に立てて接着する。

2 車と同じ色で作った小さな球の流し飴を透明のディスクの上側に接着する。透明のディスクの両側に張りつける。

3 タイヤを土台と小さな球に接着する。透明のディスクを挟むように2個のタイヤを接着する。小さな球を使い、タイヤ同士にすき間を作ることで、ピエスモンテに抜け感を出せる。また、すき間を作ることでそれぞれのパーツが支え合い、逆に強度が増す。

4 透明のディスクにJ字形の柱を接着する。この柱が上部の飾りを組み立てる中心になる。

5 透明のディスクのふちに、小さな球を接着する。この球の位置によって、車のメインボディの傾きが決まるので、ボディを合わせながら、的確な位置に接着する。

6 車のボディを接着する。ボディの穴に柱を通し、前面は小さな球に接着し、後面は柱に接着する。2か所で接着するので強度は十分あるが、パーツ間の空間をあけることで、不安定で抜け感があるように見える。

7 中心の柱に、別の柱を数本接着し、飾っていく。柱を組み合わせることで安定したモンタージュになる。

8 後ろの柱にも小さな球を接着し、車のバック部分を球に接着する。車のボディ同士にわずかな空間をあけることで抜け感が出る。

9 飾りのパーツはできるだけ柱に接着し、強度を上げる。

10 つるのように細いパーツを効果的に使うことで、さらにスピード感や抜け感が出せる。

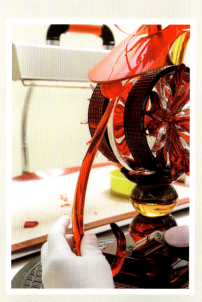

11 手前の柱は小さな球に接着し、ぶら下がっているように見せる。ただし、上部の接着だけでは重みで落ちてしまうので、下部の土台にも接着し、2か所で安定させる。

コンクールから見えるもの

私の挑戦記

29歳で初挑戦

　菓子職人としてのスタートが遅かったこともあり、私が飴細工に出会ったのは28歳のときでした。「クープ・デュ・モンド・ドゥ・ラ・パティスリー」で活躍した先輩方の講習会で飴細工の存在を知り、衝撃を受けた私は、すぐに日常的に飴細工を作っている職人を探して、そのシェフのもとに弟子入りしました。シェフの手伝いをしながら見よう見まねで少しずつ覚え、出会ってから1年半後、コンクールにはじめて出品しました。

　結果はもちろん圏外。小さな賞にかすりもしませんでしたが、たくさんの美しい作品と自分の作品が並んだことは、大きな収穫になりました。

　出品せずに、ただコンクール会場で入賞作品を見てまわることもできます。しかし、それでは本当の意味で、技術的にすぐれた部分を見つけるのは難しい。実際に自分の作品と比較するからこそ、入賞作品のすぐれた部分、そして自分の欠点が具体的に理解できるものです。コンクール会場は、良い作品にふれ、モンタージュのバランス感覚や、新しいテクニックを吸収できる格好の学びの場所でした。

会場への搬入。
実はもっとも緊張する瞬間です。

内海杯がブレイクスルーになった

　初出品後、「西日本洋菓子コンテスト」と「ジャパン・ケーキショー」、2つのコンクールに毎年挑戦し続けました。どちらもなんとか銅賞には入れたものの、そこから先が伸び悩みました。

　私に教わりにやってきたパティシエ仲間たちが、銀賞や金賞を次々と獲得していくなか、教えていたはずの自分は、いつまで経っても足踏み状態。飴細工のことを常に考え、何か使えるものはないかとホームセンターに足を運んでは、新しい技術を考案することで頭がいっぱいでした。

　そんなとき、コンクールの第一線で活躍していた「アステリスク」の和泉光一さんの勧めで、「内海杯技術コンクール」に挑戦することにしました。飴のピエスモンテ部門、その年の共通テーマは「四季」。私は、「冬将軍」と銘打ち、冬の訪れを感じさせる秋の情景をピエスモンテで描きました。

　会場に到着し、真っ先に感じたのは、一種の「異質さ」でした。ジャパン・ケーキショーとは、並んでいる作品があまりにも違うのです。ジャパン・ケーキショーでは、いつも美しさに目を奪われていたのが、内海杯の会場では、どれもこれもが個性的でインパクトが強く、美しさよりも、面白さや驚きが先行しました。

　「きれいなだけじゃない。記憶に残るものを作りたい！」そんな強い感情がそのときにはじめて心に芽生えました。いま考えれば、この思いこそがブレイクスルーになったのだと思います。

　作品は惨敗に終わりましたが、意を決して、審査員の方々に意見を求めました。

シャルル・プルースト杯の
優勝作品「ダリの世界」。

「そもそも冬将軍なのに、冬らしさが全然感じられないよね」
　なるほど！　審査員の方の第一声にはっとしました。ほかにも、美しく見せるためのモンタージュ法、バランスの取り方、ひとつひとつのパーツの善し悪しについて、的確なアドバイスをいただくことができました。

　飴細工を愛し、深く関わり続けてきた専門家の意見は、自分では気がつかないことばかりでした。テーマの選び方も含め、内海杯では、目からウロコが落ちる発見がとても多く、飴細工の認識が変わった瞬間でもありました。

シャルル・プルースト杯に優勝して

　それから2年後の2006年、「電子の森（18ページ）」でついに内海杯の優勝をつかみ取りました。審査員の方々は、作品を下から覗き込んだり、パーツの先までなめるように眺めます。すべての角度からじっくりと作品を観察し、少しの隙も見逃しません。「菓子工房オークウッド」の横田秀夫さんをはじめ、世界大会で活躍してきたそうそうたるメンバーに作品を見ていただくのは、恐怖ですらあります。そのぶん、「絶対に妥協したくない」という気持ちが湧き、内海杯は、創作意欲を極限まで高めてくれる大会でした。

　2014年、内海杯からの推薦で「シャルル・プルースト・コンクール」の代表権をいただきました。内海杯で優勝してから、実に8年。その間は、「WPTC」と「クープ・デュ・モンド・ドゥ・ラ・パティスリー」に交互に挑戦し続けていました。時間内に仕上げなければならないタイムレースは、持ち込みとはずいぶん勝手が違い、細工中の作業そのものがパフォーマンスの一部になります。その点では、また違う楽しさがありましたが、ひとつのピエスモンテを作り込むことに大きな達成感を感じる自分にとっては、内海杯がもっとも高揚感のある大会でした。

　シャルル・プルースト杯のピエスモンテは持ち込み式でしたから、細部まで作り込む楽しさを存分に味わうことができました。結果はなんと優勝！　これには自分でも驚きましたが、夢中になって楽しんで作ったことが、嬉しい結果に結びついたのだと思っています。

　いま、飴細工を上達したいと考えている人たちには、積極的にコンクールに参加するように勧めています。コンクールに出ると、自分では気づけない発見が必ずあり、その発見が、次の作品への課題と意欲につながるからです。飴細工の作業自体は孤独なものですが、コンクールに出ることで、同じ目標を持つ仲間もでき、その仲間がモチベーションの源にもなります。

　そして、ぜひ飴細工の楽しさを感じてください。「天才は努力する者に勝てず、努力する者は楽しむ者に勝てない」という言葉があるように、楽しむ心は、一番の力になるはずです。

シャルル・プルースト杯で優勝！
発表されたときは
思わず涙があふれました。

出場者たちと。
コンクールで知り合った仲間からは、
今でも刺激をもらっています。

電子の森
Electro-Forest

学べること

- 流し飴のチューブ →104ページ
- 吹き飴のカラーのつぼみ →106ページ
- 流し飴の幹 →107ページ

その他のパーツ

花・ミラーボールの花
→48ページ, 97ページ

つる →53ページ

蝶 →44ページ

ミルククラウン
→86ページ

ディスク →42ページ
セルクル以外に、耐熱プラスチックの四角形容器にも流して作る。

柱 →43ページ

葉 →52ページ

エスカルゴ →87ページ
胴体を流し飴用の飴で作る。

球 →45ページ

チューブ

細く伸ばした引き飴のまわりに、流し飴を巻きつけ、
ホースの中に電線が通っているように見せます。
2つの飴の温度管理を徹底しなければならず、上級の技術です。

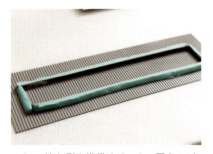

1 流し型を準備する。1mm厚さのビニールマットを両面テープで焼入れリボン（帯状の薄い鉄鋼）に張りつける。縦に凹凸のついた床材用のゴムマットの上に油粘土で長方形の土手を作り、粘土の内側に焼き入れリボンを張りつけたビニールマットを張りつける。

2 140℃までさました流し飴を型に流し込み、85〜90℃までさます。急激に冷やすと内部と表面の温度差ができやすいので、常温でゆっくりさます。

3 側面の型をはずし、中心温度が80℃になるまでさらにさます。

4 表面だけが固まってしまったら、バーナーで表面を熱して均一にする。

5 引き飴を細長い棒状に伸ばし、80℃までさめた流し飴の真ん中にのせる。流し飴の温度が高すぎると熱で引き飴が溶けて色がにじんでしまう。

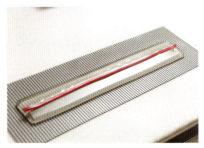

6 流し飴から両端が1cm程度はみ出す長さで、引き飴をカットする。

7 巻き寿司のようにゴムマットで巻き、定規を当てて、丸く形を整える。

8 ある程度形が整ったら、ゴムマットごと、ごろごろと転がし、断面がきれいな丸形になるように形を整える。飴が固いとうまく成形できず、飴が柔らかすぎると形を保てず、楕円形になってしまう。温度をしっかり守ること。

 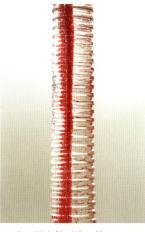 

9 ゴムマットの上で飴を転がし、凹凸をしっかりつける。

10 引き飴が流し飴からはみ出さず、チューブの中にきっちり入っていれば成功。柔らかいうちに曲げると表面の模様が伸び縮みし、リアルな動きが出せる。

11 柔らかいうちに土台に巻きつけて組み立てるので、ピエスモンテに使う場合は、パーツをあらかじめ準備せず、モンタージュの途中で作って接着する。

カラーのつぼみ

引き飴と引いていない飴の２色を重ね合わせて作る吹き飴です。
流し飴は同じ温度でも引き飴より柔らかく、成形が難しいので、上級の技術です。
内側に引き飴を使えば早く固まるので、成形しやすくなります。

1　白の引き飴と緑の流し飴用の飴を準備し、同じ温度、固さに調節しておく。白の飴を膨らませたい大きさに合わせて適量取り、丸く形を整える。やや柔らかめの状態で成形しはじめるとよい。

2　緑の飴を適量取り、平らに伸ばしながら白の飴にかぶせ、完全に覆う。

3　飴ポンプの先をバーナーで熱し、ポンプの先に飴を奥までしっかり差し込む。空気が漏れないように根元をポンプに密着させる。

4　先をつまんで尖らせる。

5　根元を長細く成形し、空気を送り込みながらさらに伸ばす。

6　しごくように細長く整え、茎部分を作る。

幹

残った飴を使って作る57ページ「台座」の応用編です。

7 成形したら、ポンプにつけたまま下向きにし、固まるまでゆっくりさます。さめたらポンプをバーナーで熱し、ポンプからゆっくり飴を引き抜く。

8 茎にカーブをつけたいときは、先端を手で支えて茎を曲げながらさます。

9 赤の液体色素をアルコールで薄め、エアブラシで吹きつけて着色する。

1 57ページを参照し、残った飴を組み合わせ、上から流し飴をかぶせて幹の形に見えるように成形する。流し飴は暗い緑色を使うとよい。茶色の流し飴用の飴を細長く伸ばし、幹に巻きつけるように、下から上に向かって接着する。

2 太い幹に細い枝やツタが絡みついているイメージで、ランダムに幹に絡ませる。茶色だけでなく、幹と同じ色の飴も使うと自然に見える。

3 すべてを埋めつくさず、ところどころすき間をあけておくとよりリアルになる。

4 茶色の飴は2本を交差させたり、わざと太さを変えるとよい。

組み立て Montage のコツ
モンタージュ

1 幹のまわりのチューブは、モンタージュ時に作り、柔らかいうちに幹に巻きつけて接着する。あらかじめ作ったものだと、うまくフィットせず、リアルさが出ない。

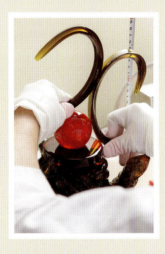

2 柱や球で骨組みを作り、花を接着して全体のイメージを固める。上部のチューブは最終段階で接着する。

3 カラーのつぼみは、できるだけ茎の底をぴったりと幹につけ、幹から生えているように接着する。幹に巻きつくように、チューブと同じ方向にカーブをつけると、ピエスモンテ全体に流れができ、躍動感のある作品に仕上がる。

4 チューブの断面を隠すように柱やカラーのつぼみを接着するとよい。

5 ピエスモンテに合わせて、上部用のチューブを熱した包丁で切る。

6 表面をバーナーで熱して柔らかくし、ピエスモンテに合うように曲がり具合を微調整する。あまり大きく形を変えると表面にしわができて美しくないので、ここでは微調整にとどめる。

7 模様が消えた部分にゴムマットを押し当て、凹凸をつける。

8 バランスを見ながらピエスモンテに接着する。重いパーツなので、ディスク、球、柱に接地させ、3か所接着して安定させる。

9 赤、青、白の飴をごく細い棒状に成形する。

10 チューブからコードがはみ出ているように、9をチューブの断面に接着する。

11 仕上げにエスカルゴやつるを飾る。チューブの断面を隠すように接着するとよい。

12 ミルククラウンは縦方向に接着するとまた違う印象になる。

世界平和
Peace of the world

学べること

- ひねり飴 →112ページ
- パスティヤージュの妖精 →114ページ
- 流し飴の妖精の羽 →117ページ

その他のパーツ

花 →48ページ

シダの葉
→70ページ

柱 →43ページ

台座 →57ページ

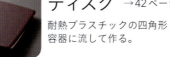
ディスク →42ページ
耐熱プラスチックの四角形容器に流して作る。

球 →45ページ
青と白の飴を交互に流し、グラデーションをつける。

葉 →52ページ

スフレの球 →54ページ

カラーのつぼみ
→106ページ

ひねり飴

流し飴を細長く伸ばしてねじります。
ねじることでさまざまな方向に光が反射し、きらきらと輝きます。

1 43ページを参照し、2色の柱を作る。

2 片方の柱を飴ランプの下で40℃程度まで温める。柔らかすぎると美しいひねり目が出ないので、やや固めで作業する。

3 ゆっくり引っ張りながら、半分に折り曲げる。

4 片方をもう一方に巻きつける。

5 巻きつけたら、両側を持ち、ゆっくりひねる。

6 固くてひねりづらい部分は、バーナーで軽く熱しながらひねる。

7 別の色の柱を同様に温め、両端を持って軽くひねる。

8 6の上から7を巻きつける。

9 ぐるぐると何周か巻く。飴ランプの下でときどき温め、一定の温度を保ちながら作業するとやりやすい。

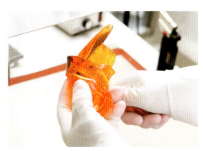

10 全体に形を整え、ひとつのかたまりになるようになじませる。やりすぎると模様がなくなってしまうので、軽くなじませる程度にとどめる。

11 バーナーで全体を軽く熱し、つやを出して仕上げる。

流し飴でつるを作る

このピエスモンテで使用したつるは、引き飴ではなく、流し飴を細く伸ばしたもの。気軽に作れるので、モンタージュ中、既存のパーツだけでは少し物足りないときに、さっと作って仕上げに添えられる便利なパーツです。透明感を出したい作品では、とくに活躍します。

1 流し飴を少量取り、できるだけ細長く伸ばす。柔らかいうちに好きな形に曲げて固める。

2 セルクルのまわり巻きつけて固めれば、美しい輪状のつるができる。

パスティヤージュの妖精

パスティヤージュは、砂糖、ゼラチン、コーンスターチ、水を練り合わせて作る、
マットで純白な色合いが魅力の技法です。
粘土のように自由な細工が可能で、成形後は数日かけて乾燥させます。

パスティヤージュの作り方

配合	
粉糖	1000g
粉ゼラチン	15g
水（ゼラチン用）	75g
水	125g

1 ゼラチンを水で戻し、電子レンジで溶かす。

2 ボールに粉糖と水を加えてよく練り合わせ、**1**を加えてさらによく練り合わせる。成形しづらい固さのときは、水を足して調節する。ただし、水で伸ばすと透明感が出て、パスティヤージュならではのマットさが損なわれるので、できるだけ水を足さないように。

3 乾燥を防ぐため、ラップを2重にして包み、上から濡れタオルで覆う。さらにラップで包んで保存する。

胴体

1 型を準備する。油粘土で妖精の胴体部分を作る。油粘土は乾いても固くならず、扱いやすい。

2 パスティヤージュを麺棒で叩き、摩擦熱で柔らかくする。成形したときに表面がざらつかなくなるぐらいの柔らかさが目安。電子レンジで温めると、水分が飛んで表面が乾き、ひび割れやすい。

3 麺棒で2mm厚さに伸ばす。

4 型を覆えるサイズに四角く切り分ける。

5 型にコーンスターチをふる。全体にまんべんなくふっておかないと、パスティヤージュが型からはずれなくなる。

6 型にパスティヤージュをかぶせ、型の輪郭に沿うように押しつける。強く押すと粘土が変形するので、指で細かくこすりつけて沿わせる。

7 切り抜きやすいよう、まわりの余分を四角く切る。

8 型のまわりをなぞるようにナイフで切り取り、全体の形を整える。乾燥剤入りの密閉容器に入れ、1日以上乾燥させる。

9 油粘土をつまんで、型をはずす。

10 内側を上にして乾燥剤入りの密閉容器に入れ、1日以上おいて完全に乾燥させる。

11 内側とふちをサンドペーパーで削り、はみ出し部分を取り除いて、なめらかな表面に整える。

頭

1　ドールハウス用のシリコン型を使用する。

2　柔らかくしたパスティヤージュを、型のサイズに合わせて小さく丸める。表面にひびがなく、なめらかでつやのある状態にする。

3　型にコーンスターチをまんべんなくふりかけ、パスティヤージュをはめて指で押しつける。

4　胴体と同じ2mm程度の薄さになるまでしっかりと押しつけ、まわりの余分を切り取る。

5　型からはずし、輪郭を整える。シリコン型の場合は、乾燥させてからだと取りはずしづらい。乾燥剤入りの密閉容器に入れ、1日以上おいて完全に乾燥させる。内側とふちをサンドペーパーで削り、なめらかな表面に整える。

妖精の羽

44ページの蝶を、大きなサイズで作ります。パスティヤージュに合わせて、ある程度の厚みがほしいため、ミニサイズとは異なり、ナッペは行いません。

1 ビニールマットを蝶の羽形に切り抜き、切り抜いていないビニールマットを下に重ねる。140℃までさました飴をくぼみにそっと流す。

2 表面張力を利用し、分厚く流す。ミニサイズとは違い、ビニールマットをはがさずに作業を続ける。

3 しばらくおき、やや固まってきたら、包丁で模様を入れる。柔らかいうちに入れると、飴の弾力で模様が消えてしまう。

4 やや強めに包丁を当て、強くラインを描く。

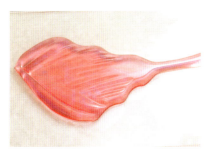

5 完全に固まったら、2枚のビニールマットをはがす。作品を組み立てるときに4枚を張り合わせるので、パーツの状態で保存しておく。

組み立て Montage のコツ
モンタージュ

1. ひねり飴は接着面を直接バーナーで熱して台座に接着する。できるだけ接着面積を多く取る。

2. パスティヤージュは温度差に弱く、バーナーで直接加熱すると割れる危険がある。パスティヤージュの内側に流し飴を張りつけ、のり代わりにする。

3. パスティヤージュの内側の飴を、柱に接着する。パスティヤージュに負荷がかからないよう、必ず柱側をバーナーで熱して接着すること。

4. 首部分に少量の流し飴をつけ、胴体と頭を接着する。接着用の飴が見えないように注意。顔は正面を向けず、やや上向きか下向きに傾けたほうが表情が出る。

5. 羽は、筋を入れたほうを内側に向けて接着する。そのほうがふちが鋭角でキレよく見える。

6. 胴体の内側に隠れた柱に羽を接着する。パスティヤージュには飴を接着しないこと。

7. 下の羽は上の羽に接着する。つけ根部分と、上の羽との重なり部分をそれぞれバーナーで熱して接着する。重いパーツなので、かならず2点で接着する。

8 羽のつけ根に、小さな半球形の流し飴を接着し、補強する。薄いパーツ同士を接着するだけより頑丈になる。

9 接着面を隠すようにミラーボールなどの小さなパーツで飾る。

左横。

10 裏側は特に重要。できるだけパスティヤージュの内側を隠すように飾る。

11 仕上げに流し飴のつるをその場で作って接着し、華やかさを出す。

背面。

ダリの世界
World of Dali

学べること

- 流し飴の街灯 →122ページ
- 飴とチョコレートの接着法 →124ページ

つる →53ページ

シダの葉 →70ページ

花 →48ページ

葉 →52ページ

台座とチューブ →57ページ、104ページ

その他のパーツ

ミラーボール →56ページ

柱 →43ページ

蝶 →44ページ

ミルククラウン →86ページ

ディスク →42ページ
セルクル以外に、耐熱プラスチックの丸形容器にも流して作る。

＊残りのパーツはすべてチョコレート細工なので、作り方は紹介していません。

街灯

流し飴に模様をつけて5角形に加工し、チョコレートのパーツと接着します。
流し飴技術の集大成的なパーツです。

1 型を準備する。扇形に切り抜いたビニールマットを2枚用意する。そのうち1枚は、切り抜いた扇形が5角形に折り曲がるよう、放射状に4本切り込みを入れる。

2 切り込みを入れた扇形を切り抜いたところにはめ直す。

3 流し飴を130℃までさまし、表面張力でやや厚みが出るように型の上に流す。

4 90℃までさます。全体が均一の温度になるように、ふちを軽くバーナーで熱する。

5 上のビニールマットをはずし、80℃までさます。

6 床材の滑り止めマットを押し当て、模様をつける。ゆっくり押し当てるとマットに飴が引っついてしまうので、ポンポンと軽く押し当てるのがポイント。

7 ビニールマットごと模様をつけた面を内側にして丸める。

8 端同士を合わせ、5角形に形を整える。

9 テープで端を張り合わせ、角が美しく出るように再度形を整える。

10 風を当てながら完全にさまし、さめたらビニールマットをはがす。

11 端をホットプレートで少しだけ溶かし、チョコレートのパーツと接着して仕上げる。飴よりチョコレートのほうが融点が低く、飴を熱しすぎるとチョコレートが溶けて接着面がくぼんでしまう。

組み立て Montage のコツ
モンタージュ

1 台座の上にセルクルで作ったディスクを接着する。チョコレートとの接着面になるパーツは、接着面が広く、平らなものが好ましい。

2 チョコレートとの接着部分に、溶かしたチョコレートを塗りつけて、チョコレートのパーツを接着する。飴を接着剤がわりにすると、温度が高すぎてチョコレートのパーツが溶ける可能性がある。

3 半球形の流し飴をディスクの後ろ側に接着する。表面に流し飴を塗り、いくつも半球を重ねてタワー状にする。

4 チョコレートと飴のタワーは接着していないが、チョコレートを支柱にし、もたれかけるように組み立てる。接地面が増えることで、お互いを支え合い、強度が増す。

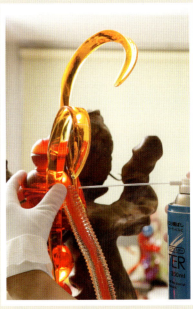

5 飴パーツは、飴のタワーを軸にして接着していく。飴とチョコレートを接着するとはずれやすいので、できるだけ飴同士、チョコレート同士を接着すること。

6　葉やつるをチョコレートにかかるように組み立てることで、チョコレートと飴のパーツに一体感が出てくる。

7　街灯のように、チョコレートと飴を合わせて作ったパーツは強度がないので、上にほかのパーツを積み上げないように。

8　まわりに並べる卵は、ミルククラウンの表面をバーナーで少しだけ溶かし、チョコレートの卵をのせて接着する。熱しすぎるとチョコレートが飴の熱で溶けて形が崩れる。

背面。

左横。

左斜め横。

Chef & Shop

大西達也 Tatsuya Onishi

1971年大阪府堺市生まれ。大学卒業後、「元町ケーキ」でアルバイトをはじめる。菓子作りを体験し、その面白さにすっかり魅了され、菓子職人の道を志すようになった。飴細工を学ぶため、大阪の洋菓子店で5年間修業を積み、新店舗の立ち上げにも貢献。33歳で元町ケーキに戻り、飴細工に積極的に取り組み、コンクールでも上位入賞を果たす。2006年に店を譲り受け、3代目のシェフに就任。2008年、本店をリニューアル。2017年、カフェをオープン予定。

おもなコンクール受賞歴

2001年　西日本洋菓子コンテスト　金賞
2006年　ジャパン・ケーキショー
　　　　味と技のピエスモンテ部門　銀賞
2006年　内海杯技術コンクール
　　　　飴のピエスモンテ部門　優勝
2013年　ワールド・ペストリー・チーム・チャンピオンシップ
　　　　国内予選　飴細工ピエス部門　準優勝
2014年　クープ・デュ・モンド・ドゥ・ラ・パティスリー
　　　　国内予選　A部門（飴細工部門）　第5位入賞
2014年　シャルル・プルースト・コンクール　優勝

イートインスペースは地元の人々の
憩いの場となっている。

地元の人たちの日常に溶け込んだ
洋菓子店であり続けたい

　神戸でも有数の老舗洋菓子店、元町ケーキは、創業70年を迎えた今日まで、地元の人々に愛され続けてきた。創業者は、政府の要請で中国の青島に派遣された生粋の菓子職人。戦後まもなく、神戸元町の地に店を開き、当時珍しかったバタークリームやパイを使ったケーキが好評を博した。

　現在、1日1000個を売り上げるという生クリームとスポンジを合わせたシンプルな菓子「ざくろ」は、40年以上の歴史を持った不動の看板商品。店内には、生菓子と焼菓子を合わせて50種を越える菓子が並ぶが、そのうち、半分以上の菓子が、先代、先々代から受け継がれてきた昔ながらの味だという。

　3代目として腕をふるう大西氏が、この店を引き継ぐときに心に決めたのは、「神戸の人の店であり続ける」ということ。現代の味覚に合うようにレシピの改良は行うが、独自のアレンジは加えすぎない。新商品を開発するさいも、斬新さを狙ったり、自分らしさを打ち出そうとはせず、「昔からありそうで、食べて安心できる味」だけをひとえに追求してきた。

　「子供のおやつとして週に1度通ってくださる方や、ざくろをひとつ買うために、毎日立ち寄ってくださる方もいらっしゃいます。特別な日に利用する店ではなく、日常生活に溶け込んだ菓子店であることが、元町ケーキのアイデンティティー。その親しみやすさを保ち続けたいのです」

　2017年には、本店のすぐそばにカフェをオープンする予定。こちらでは、ショコラを主軸に、大西氏ならではの創意工夫が光る菓子を提供するつもりだという。神戸・元町の顔としての元町ケーキと、大西達也一個人の店としてのカフェ。ふたつの異なる世界をどのように表現していくのか、これからの歩みに期待が高まる。

小型の飴細工も販売する。
お祝いに買う人が多いそう。

店内には飴のピエスモンテが
飾られ、華やかな雰囲気。

灯台をモチーフにした港町らしいパッケージは、
神戸みやげとしても人気。

motomachi cake 元町本店

兵庫県神戸市中央区元町通5-5-1
電話 078-341-6983

撮影　東谷幸一
デザイン　津嶋デザイン事務所（津嶋佐代子）
編集　オフィスSNOW（畑中三応子、木村奈緒）

取材協力
株式会社マトファー・ジャパン
フランスで1814年に創業した製菓、調理道具の専門メーカー。細工菓子にも力を入れ、飴細工用のランプ、ポンプ、型などを多数販売している。34ページで紹介した「アメランプⅡ」は、軽量、低価格化を実現した最新器機。コンクールや世界大会でも使用されている。

飴細工
大西達也の躍動するピエスモンテ

発行日　2016年10月25日　初版発行

著　者　大西達也（おおにし たつや）
発行者　早嶋　茂
制作者　永瀬正人
発行所　株式会社 旭屋出版
　　　　〒107-0052 東京都港区赤坂1-7-19 キャピタル赤坂ビル8階
　　　　電話　03-3560-9065（販売）
　　　　　　　03-3560-9066（編集）
　　　　FAX　03-3560-9071（販売）

旭屋出版ホームページ　http://www.asahiya-jp.com
郵便振替　00150-1-19572
印刷・製本　株式会社 シナノ パブリッシング プレス
ISBN978-4-7511-1234-2 C2077

定価はカバーに表示してあります。
落丁本、乱丁本はお取り替えします。
無断で本書の内容を転載したりwebで記載することを禁じます。
©Tatsuya Onishi & ASAHIYA SHUPPAN 2016, Printed in Japan.